This Book Belongs To

Date: _______/_______/_______

Date: _____ / _____ / _____

Date: _______/_______/_______

Date: ______/______/______

Date: _______/_______/_____

Date: ____ / ____ / ____

Date: _____ / _____ / _____

Date: ______ / ______ / ______

Date: _______/_______/_______

Date: _____/_____/_____

Date: _____ / _____ / _____

Date: _______/_______/_______

Date: ______ / ______ / ______

Date: _______ / _______ / _______

Date: _______ / _______ / _______

Date: _____ / _____ / _____

Date: _____/_____/_____

Date: _____ / _____ / _____

Date: _____ / _____ / _____

Date: _______ / _______ / _______

Date: _______ / _______ / _______

Date: ____ / ____ / ____

Date: _____ / _____ / _____

Date: _______/_______/_______

Date: ______/______/______

Date: _____/_____/_____

Date: _____ / _____ / _____

Date: _____/_____/_____

Date: ______ / ______ / ______

Date: _______/_______/_______

Date: _______/_______/_______

Date: _____ / _____ / _____

Date: _____ / _____ / _____

Date: _______ / _______ / _______

Date: _______ / _______ / _______

Date: _______/_______/_______

Date: _______/_______/_______

Date: ______ / ______ / ______

Date: _______ / _______ / _______

Date: _____ / _____ / _____

Date: ______/______/______

Date: ______ / ______ / ______

Date: _______/_______/_______

Date: _______ / _______ / _______

Date: _______/_______/_______

Date: _______/_______/_______

Date: _____/_____/_____

Date: _______ / _______ / _______

Date: _______ / _______ / _______

Date: ______/______/______

Date: _____/_____/_____

Date: ______ / ______ / ______

Date: _____ / _____ / _____

Date: ______ / ______ / ______

Date: _______/_______/_______

Date: _____ / _____ / _____

Date: _____ / _____ / _____

Date: _______ / _______ / _______

Date: _______ / _______ / _______

Date: _______ / _______ / _______

Date: _____/_____/_____

Date: _______/_______/_______

Date: ____ / ____ / ____

Date: _______ / _______ / _______

Date: _____ / _____ / _____

Date: _____ / _____ / _____

Date: _____ / _____ / _____

Date: _____/_____/_____

Date: _____ / _____ / _____

Date: _____ / _____ / _____

Date: ______/______/______

Date: _____ / _____ / _____

Date: ______ / ______ / ______

Date: _____ / _____ / _____

Date: _____ / _____ / _____

Date: _______/_______/_______

Date: _____ / _____ / _____

Date: ______ / ______ / ______

Date: _______/_______/_______

Date: _____ / _____ / _____

Date: _______/_______/_______

Date: ______ / ______ / ______

Date: _____ / _____ / _____

Date: _______ / _______ / _______

Date: _____ / _____ / _____

Date: _______ / _______ / _______

Date: _______ / _______ / _______

Date: _______/_______/_______

Date: _______/_______/_____

Date: _____/_____/_____

Date: ____ / ____ / ____

Date: _______ / _______ / _______

Date: _____ / _____ / _____

Date: _____ / _____ / _____

Date: _____/_____/_____

Date: _______/_______/_______

Date: _____ / _____ / _____

Date: _______ / _______ / _______

Date: _____ / _____ / _____